CULTURA POSITIVA

EL LADO BUENO DE TODAS TUS COSAS

Montena

Cultura positiva
El lado bueno de todas tus cosas

Primera edición en España: septiembre de 2020
Primera edición en México: octubre de 2020

D. R. © 2020, Juan Berteaux

D. R. © 2020, Penguin Random House Grupo Editorial, S. A. U.
Travessera de Gràcia, 47-49, 08021, Barcelona

D. R. © 2020, derechos de edición mundiales en lengua castellana:
Penguin Random House Grupo Editorial, S. A. de C. V.
Blvd. Miguel de Cervantes Saavedra núm. 301, 1er piso,
colonia Granada, alcaldía Miguel Hidalgo, C. P. 11520,
Ciudad de México

www.megustaleer.mx

ISBN: 978-607-319-652-9

Impreso en México – *Printed in Mexico*

El papel utilizado para la impresión de este libro ha sido fabricado a partir de madera
procedente de bosques y plantaciones gestionadas con los más altos estándares ambientales,
garantizando una explotación de los recursos sostenible con el medio ambiente y beneficiosa para las personas.

Penguin
Random House
Grupo Editorial

PARA TODOS LOS SEGUIDORES DE
@CULTURAPOSITIVA.
¡GRACIAS!

CULTURA

DEL LAT. *CULTUS.*

F. CONJUNTO DE MODOS DE VIDA Y COSTUMBRES, CONOCIMIENTOS Y GRADO DE DESARROLLO ARTÍSTICO, CIENTÍFICO, INDUSTRIAL, EN UNA ÉPOCA, GRUPO SOCIAL, ETC.

POSITIVA

DEL LAT. *POSITIVUS.*

ADJ. DICHO DE UNA PERSONA: OPTIMISTA, INCLINADA A VER EL ASPECTO FAVORABLE DE LAS COSAS.

ÍNDICE

MUCHA MÁS CULTURA POSITIVA, ¡POR FAVOR!

Era una mañana gris de invierno en Buenos Aires. Una mañana más, como tantas otras, viajando desde Villa Urquiza hasta Palermo en el autobús 140. Cuando digo "gris", no me refiero solamente al clima, todo estaba teñido de un color plomizo dentro de ese autobús. La gente en invierno siempre viste colores oscuros, las ventanas empañadas del colectivo no dejaban entrar una gota de luz, y yo con muy pocas ganas de ir a trabajar.

El transporte estaba repleto, pero, con mucha suerte, logré encontrar un lugar contra una de las ventanas para acomodarme. Busco el teléfono en mi bolsillo y decido cambiar la playlist; esa mañana era ideal para escuchar un poco de los Beatles. De pronto, mientras suena *Dear Prudence* levanto la vista. Parada frente a mí, se encontraba una señora de unos setenta o setenta y cinco años. Ella tenía los ojos turquesas más increíbles que jamás haya visto. Quedé alucinado, no podía creer el color de esos ojos. En un segundo, todo ese rectángulo gris lleno de gente desapareció.

Sentí en ese momento unas enormes ganas de decirle: "Señora, qué hermosos ojos tiene". Eso solo, nada más. Quería decírselo, pero no pude. De pronto mi cabeza se llenó de pensamientos: "¿Y si piensa que estoy loco?", "¿Y si cree que se lo estoy diciendo con otra intención?", "¿Y si piensa que quiero robarle?".

Para cuando logré salir de mi cabeza, ella ya no estaba. Perdí la oportunidad. No me animé. En ese mismo instante, me hundí en mis pensamientos tratando de analizar por qué no había podido hacerlo, y fue ahí cuando uno de todos esos pensamientos iba a cambiar mi vida para siempre. Dije:

"Qué hermoso sería poder crear una cultura positiva en la sociedad, que nos permita decirle algo lindo a una persona con normalidad, sin prejuicios, para que la gente aprenda primero a verle el lado positivo a todo".

Y fue entonces cuando volví a tomar el teléfono del bolsillo, pero esta vez para abrir Instagram y crear la cuenta @culturapositiva.

Un año y medio después, me encuentro sentado en la otra punta del mundo, rodeado de colores y respondiendo los cientos de mensajes que me llegan por día de gente como tú, que también está aprendiendo a ver el lado bueno de todas las cosas.

ESCRIBÍ ESTE LIBRO PORQUE [NECESITABA] ◆LEERLO.◆

Soy optimista, siempre lo fui. Desde chiquito que, sin darme cuenta, veo siempre el lado más brillante de todo. Pero ser optimista no significa estar feliz todo el tiempo. Ser positivo en el mundo actual es un trabajo arduo y lleno de altibajos.

Porque ser optimista es saber que, aun en los días malos, muchos mejores están por venir. Es creer en ti y en tu poder para cambiar tu vida. Es mejorar tu relación con las personas que te rodean. Es comenzar a ver el mundo con otros ojos.

Por eso, cuando decidí qué tipo de libro iba a escribir, lo hice pensando en mí. Escribí el libro que yo necesitaría tener siempre a mano. El libro que me ayude a sobrellevar los momentos difíciles. El libro que me enseñe a ver el mundo con otros ojos.

CÓMO USAR ESTE LIBRO

Este libro es tuyo, pero cuando digo "tuyo" no me refiero en el sentido de posesión, este libro es tuyo porque lo hice para ti. Me encantaría que te apropies de él, que lo llenes de tus frases, pensamientos y dibujos, que le dejes tu marca, que funcione como refugio y que lo lleves siempre contigo.

Para mí los libros son como pequeños cofres llenos de respuestas. Son el lugar donde busco un consejo cuando necesito descifrar algún momento de mi vida. Voy a mi repisa, agarro uno de mis favoritos y lo abro en una página al azar. Leo un párrafo o fragmento y lo hago mío, creo una respuesta sobre la base de eso que leí, confío en que si abrí el libro en esa página es porque ahí tiene que estar la respuesta.

Creé este libro buscando ese efecto. Puedes leerlo de corrido, de atrás para adelante o abrirlo en una página cualquiera. Pero yo sueño con que gane un lugar especial en tu repisa y se convierta en tu pequeño cofre de respuestas.

¡QUIERO QUE HAGAS EL CLIC!

Yo no creía en eso de hacer el clic. Para mí era un invento, la mente nunca te puede hacer un clic. Hasta que me pasó. Un día leyendo un artículo cualquiera de internet, mi cerebro hizo clic. Era una frase muy simple sobre un tema no tan profundo que había leído veinte veces antes, pero ese día, en ese momento especial, hizo que hiciera el clic. A partir de esa frase mi vida cambió por completo, ahora no solamente soy un ferviente creyente del poder de las citas inspiracionales, también dedico mis días a poder crear las mías y compartir las de otros.

Por eso quiero que tú también hagas el clic. Ojalá encuentres entre estas páginas la frase o fragmento que te ayude a cambiar. Ojalá me envíes en algún tiempo un mensaje para contarme cómo te ayudó. Ojalá que tú también comiences a creer en la inspiración como combustible del cambio.

SOLO TIENES
QUE [CREER] QUE
TODO ES POSIBLE,
INCLUSO CUANDO
NO SABES CÓMO
→ SUCEDERÁ. ←

¿QUÉ SIGNIFICA SER UNA PERSONA POSITIVA?

Ser una persona positiva es creer que todo es posible, aun cuando dudas o no sabes cómo sucederá. Es confiar en que todo lo que viene, siempre, es mejor que lo que se fue. Es ir por la vida sabiendo que todo eso que está preparado para nosotros, de alguna forma u otra, llegará.

Ser positivo, también, es aceptar todo lo negativo en nuestra vida. Es hacernos cargo de los problemas. Es reconocer los miedos. Es saber que no somos perfectos. Es, por lo tanto, aceptar todo eso que la vida nos puso en el camino.

Por esta razón, una persona positiva no es aquella que ignora todo lo negativo, sino la que elige buscar siempre el lado bueno de las cosas, reconociendo lo malo, para poder enfocar todas sus energías en crecer y superarse.

¿Qué es lo que distingue a las personas positivas?

SABEN QUE LAS PERSONAS [PUEDEN CAMBIAR]

SÍ, LAS PERSONAS PUEDEN CAMBIAR. LAS PERSONAS POSITIVAS CAMBIAN CONSTANTEMENTE. EVOLUCIONAN, MEJORAN, CRECEN. ES POR ESO QUE SABEN QUE OTROS TAMBIÉN PUEDEN HACERLO.

INTENTAN [ELEGIR UN PENSAMIENTO] SOBRE OTRO

ELLOS SABEN QUE SU FELICIDAD DEPENDE, EN GRAN PARTE, DE LO QUE ELIGEN PENSAR. POR ESO CUANDO SE LES CRUZA UN PENSAMIENTO MALO, SABEN QUE ES SOLO ESO, UN SIMPLE PENSAMIENTO. SOLO TIENEN QUE ACEPTARLO PARA DEJARLO IR Y ENFOCARSE EN OTRA COSA.

VAMOS A BRILLAR, HAY [ESPACIO PARA TODOS]

LAS PERSONAS POSITIVAS ENTIENDEN QUE NO SE BRILLA APAGANDO A OTROS. POR ESO SIEMPRE INTENTAN AYUDAR A OTRAS PERSONAS A SUPERAR UN MAL MOMENTO Y COMPARTEN LO BUENO QUE LES SUCEDE.

SABEN QUE TIENEN [MUCHO QUE APRENDER]

HAY INFINIDAD DE COSAS POR APRENDER. LAS PERSONAS POSITIVAS LO SABEN, PERO TAMBIÉN SABEN QUE LLEGARON A DONDE ESTÁN GRACIAS A QUE HAN APRENDIDO MUCHO. COMO SUELEN DECIR: "CUANDO DEJAS DE APRENDER DEJAS DE CRECER".

[ESCUCHAN] LO QUE SU CUERPO TIENE PARA DECIR

ELLOS APRENDIERON A DECODIFICAR LAS SENSACIONES QUE PASAN POR SU CUERPO CUANDO SE CRUZAN CON UNA SITUACIÓN O PERSONA NUEVA Y ACTÚAN SEGÚN LO QUE ESA PERCEPCIÓN LES DICE.

ACEPTAN —Y AMAN— LAS [CRÍTICAS CONSTRUCTIVAS]

NO HAY NADA MEJOR PARA UNA PERSONA POSITIVA QUE ALGUIEN DEVOLVIÉNDOLE UNA CRÍTICA CONSTRUCTIVA. ELLOS LA ESCUCHARÁN, LA ENTENDERÁN Y BUSCARÁN LOS MEDIOS PARA PODER MEJORAR.

POSITIVAS HACEN DIFERENTE

BUSCAN SIEMPRE EL [LADO BUENO]

↓

LA PRIMERA OPCIÓN SIEMPRE SERÁ BUSCAR EL LADO BUENO DE TODO Y, CASI SIEMPRE, LO ENCONTRARÁN. COMO ELLOS SABEN QUE TIENEN LA OPCIÓN DE ELEGIR HACIA DÓNDE MIRAR, MIRARÁN HACIA EL LADO QUE MÁS BRILLE.

LES GUSTA [ELOGIAR] A OTROS

↓

LAS PERSONAS POSITIVAS BUSCAN SIEMPRE GENERAR AMBIENTES Y REACCIONES POSITIVAS. POR ESO NUNCA DUDARÁN EN DECIRTE ALGO BUENO PARA ANIMARTE Y, CUANDO LOGRES ALGO, ESTARÁN ESPERANDO PARA FELICITARTE.

CREEN QUE LOS FRACASOS SON PARTE DEL [CRECIMIENTO]

↓

LOS ERRORES NO LOS DETIENEN. LOS FRACASOS LOS HACEN MÁS FUERTES. LAS PERSONAS POSITIVAS SABEN QUE TODO ES APRENDIZAJE. SI SE CAEN DIEZ VECES, ELLOS SE LEVANTAN ONCE.

SABEN QUE [NADA] ES IMPOSIBLE

↓

A LAS PERSONAS POSITIVAS LES ENCANTA HACER COSAS DIFÍCILES. MIENTRAS MÁS DESAFÍOS, MEJOR. PREFIEREN EMBARCARSE EN UN PROYECTO DIFÍCIL A QUEDARSE ESTANCADOS EN LO FÁCIL DE LA RUTINA.

ESTÁN DISPUESTOS A [COMPARTIR]

↓

LAS PERSONAS POSITIVAS SABEN QUE UNA ALEGRÍA COMPARTIDA ES UNA ALEGRÍA DOBLE, Y QUE UN DOLOR COMPARTIDO ES MEDIO DOLOR. POR ESO SIEMPRE ESTARÁN AHÍ PARA TI, TANTO PARA FESTEJAR COMO PARA ESCUCHAR.

SON, SOBRE TODO, [AGRADECIDOS]

↓

LAS PERSONAS POSITIVAS SON PERSONAS AGRADECIDAS. AGRADECEN TODO LO BUENO Y LO MALO QUE LES PASA, Y LAS PERSONAS QUE LLEGAN Y LAS QUE SE VAN. AGRADECEN A LA VIDA POR LAS OPORTUNIDADES, SIEMPRE.

EN UN MUNDO
LLENO DE PERSONAS
QUE CREEN QUE
LAS COSAS NUNCA
VAN A SALIR BIEN

SOLO DEPENDE DE
TI ESTAR DEL LADO
DE LOS QUE
CREEMOS EN EL
PODER DE LA MAGIA

No sé de qué lado estarás tú.
Si eres de esos que no creen en la magia,
O de los que no les parece tan extraña.
Serás de esos que andan cansados todo el día,
O de los que van por la vida compartiendo alegría.
No sé si creerás que el mundo es un lugar oscuro,
O serás de esos que le ven futuro.
Ahora no importa de qué lado estés,
Yo te invito a que por un momento confíes.
Porque el mundo sí está lleno de magia,
Y si lo decimos muchos, te aseguro, se contagia.
Estamos rodeados de cosas hermosas,
Solo tienes que ver el lado bueno de todas tus cosas.

PARTE 1

EMPIEZO POR MÍ

EMPIEZO POR MÍ. EMPIEZO A QUERERME, EMPIEZO A ENTENDERME, EMPIEZO A CUIDARME. EMPIEZO POR MÍ PORQUE [ME ELIJO] PORQUE SÉ QUE TENGO EL PODER DE CAMBIAR MI VIDA, PORQUE APRENDÍ QUE PUEDO HACERME MUY FELIZ. EMPIEZO PORQUE [ME NECESITO.] EMPIEZO POR MI PAZ. EMPIEZO POR MÍ.

Llega un momento en tu vida en el que te das cuenta de que todo lo importante, siempre, empieza por ti. Tu relación contigo mismo es lo que marcará tu vida. La forma en la que te cuidas, las cosas que eliges, los límites que estableces, las personas que amas, las decisiones que tomas; todo irá moldeando tu camino a medida que creces.

Es por eso que tu crecimiento, tanto físico como emocional, comienza cuando te eliges. Y es ahí cuando decides anteponer tu bienestar al del resto, cuando el verdadero cambio se manifiesta.

El camino para elegirte consta de tres partes: autocuidado, amor propio y autoconocimiento. No hay una más importante que la otra. El autocuidado te ayudará a hacer pequeños cambios en tu día a día que se volverán la piedra fundamental de tu nueva vida. El amor propio será el combustible que necesitarás para animarte a seguir. Y, por último, el autoconocimiento te dará las herramientas para manejar tus emociones y fijar metas claras.

RECUERDA:

EL [AUTOCUIDADO] NO ES UN LUJO, ES UNA PRIORIDAD.

El autocuidado es una de esas cosas que siempre dejamos para después. Lo dejamos para el lunes, para la semana que viene o para comienzo de mes. Lo dejamos para cuando tengamos algún tiempo libre, cuando nos sobre algo de dinero, o cuando todo el resto de las cosas se acomoden.

A pesar de que el autocuidado —por suerte— se está volviendo algo cada vez más normal, muchos crecimos con la idea de que "tomarse un tiempo libre" es un lujo que muy pocos se pueden dar. Seguimos creyendo que tenemos mil cosas por delante antes que nosotros. Seguimos dejando todo eso que nos hace bien para después.

NO TE DEJES PARA DESPUÉS.

No existe una fórmula secreta del autocuidado. Solo tú sabes qué es lo mejor para ti. Para algunos es hacer ejercicio y comer sano, mientras que para otros es pasar todo un día mirando series. Varios necesitan encerrarse en su habitación a dormir una siesta, al mismo tiempo en que otros disfrutan de salir con sus amigos o seres queridos. Hagas lo que hagas, lo importante es que lo hagas pensando en ti. Escúchate: ¿qué es lo que necesitas? A continuación encontrarás algunas ideas de autocuidado para inspirarte.

PERSONAL

- MÁS TIEMPO PARA TI
- HOBBIES
- METAS CLARAS
- SOÑAR DESPIERTO
- DARTE GUSTOS
- RELAJARTE
- APRENDER ALGO NUEVO

EMOCIONAL

- ACEPTAR EMOCIONES
- MANEJAR EL ESTRÉS
- EXPRESARTE
- ESCRIBIR UN DIARIO
- LEER AFIRMACIONES POSITIVAS
- PERDONAR

DIFERENTES TIPOS

SOCIAL

- PONER LÍMITES
- COMUNICARTE
- AMIGOS Y FAMILIA
- PEDIR AYUDA
- CONOCER GENTE NUEVA
- GRUPOS DE APOYO

CORPORAL

- MOVERTE
- YOGA
- COMER SANO
- DORMIR BIEN
- CHEQUEOS MÉDICOS
- BAÑO DE SALES
- ESTIRAMIENTOS

ESPIRITUAL

- MEDITAR
- PASAR TIEMPO A SOLAS
- SER VOLUNTARIO
- REFLEXIONAR
- ESTAR PRESENTE

REDES SOCIALES

- SEGUIR CUENTAS QUE TE HAGAN BIEN
- LIMITAR TIEMPO DE USO
- NO COMPARARSE
- NO DISCUSIONES INNECESARIAS

DE AUTOCUIDADO

EN TU ESPACIO

- AMBIENTE SEGURO
- LUGAR ORDENADO
- ABRIR LAS VENTANAS
- ORGANIZAR ESPACIOS
- AROMATERAPIA
- VELAS
- HYGGE

PROFESIONAL

- GESTIÓN DE TIEMPOS
- DESCANSOS FIJOS
- AMBIENTE POSITIVO
- APRENDER A DECIR "NO"
- CAPACITARTE
- DESCONECTAR

EL SECRETO DE
⤏ LA FELICIDAD ⤎
DE LOS DANESES

HYGGE

⤏ (SE PRONUNCIA HU-GA) ⤎

— • —

HYGGE NOS ANIMA A QUE ENCONTREMOS LA FELICIDAD EN LAS PEQUEÑAS COSAS. ES MÁS QUE UN CONCEPTO, ES UN SENTIMIENTO. ESE SENTIMIENTO DE CALMA, CONFORT Y TRANQUILIDAD QUE SENTIMOS CUANDO ESTAMOS EN UN AMBIENTE RELAJADO, DISFRUTANDO DE RICAS COMIDAS Y BEBIDAS, Y RODEADOS ⤏ DE LAS PERSONAS QUE AMAMOS. ⤎

HYGGE KIT

DESCONEXIÓN

APAGAR EL MÓVIL PARA PODER
ENCENDER LOS SENTIDOS.

AMBIENTE

ENCENDER VELAS.
PREPARAR AROMAS.
APAGAR LA LUZ.

BEBIDAS

TÉ CALIENTE, CAFÉ O
VINOS.

PLACERES

DISFRUTAR DE COMIDAS
ESPECIALES.

LIBROS

HABLAR DE LIBROS O PELÍCULAS,
Y NO DE NOTICIAS.

PLANTAS

CALIDAD DE AIRE Y
BIENESTAR.

COMODIDAD

ROPA CÓMODA: PRENDAS ANCHAS
PARA SENTIRTE LIBRE.

ABRIGO

MANTAS. ENCENDER
UN FUEGO.

RELAJACIÓN

SILLONES, PUFS Y
ALMOHADONES.

CERRAR LOS OJOS PARA PODER VER

En un mundo que va cada vez más rápido, tomarse unos segundos para frenar por completo es un acto de valentía total. Porque apagar el piloto automático para poder desconectarse de la vorágine del día es algo que muy pocos se animan a hacer.

Para mí la meditación, además de ser un medio de escape, es medicina para el alma. Es poder refugiarme por un ratito en mi cuerpo, es conectarme con lo que siento, es poner el foco en mí.

Existen cientos de formas para meditar y, lo mejor de todo, es que cualquier persona puede hacerlo. No hace falta tener mucha experiencia previa, no se necesita una herramienta en particular. Puedes bajarte una aplicación de meditación guiada o buscarla en lugares como YouTube o Spotify. Puedes, también, aprender leyendo una técnica particular y repetirla.

En las siguientes páginas verás tres tipos de meditaciones guiadas. La primera es para practicarla durante una caminata, de forma que puedas sumar ejercicio y concentración. La segunda es para ayudar a relajarte cuando te acuestas a dormir. Y la última se trata de un ejercicio de respiración que, al cerrar los ojos, puede convertirse en meditación. ¿Te animas a intentarlas?

CAMINATA CONSCIENTE

- A MEDIDA QUE COMIENZAS A CAMINAR, PRESTA ATENCIÓN A CÓMO SE SIENTE TU CUERPO. SIENTE TUS PIERNAS, TUS BRAZOS Y TUS MANOS.

- SIENTE CÓMO TUS PIES HACEN CONTACTO CON LA TIERRA. PRESTA ATENCIÓN A LAS IMPERFECCIONES DEL CAMINO, A LAS PEQUEÑAS PIEDRAS Y A LOS CAMBIOS DE TEXTURAS.

- FIJA UNA VELOCIDAD CONSTANTE Y CUENTA LOS PRÓXIMOS 100 PASOS.

- AL TERMINAR, COMIENZA A UTILIZAR TU VISTA. HAZ FOCO EN ALGÚN OBJETO. PUEDE SER UN ÁRBOL, UN BANCO O UNA CASA, Y PRESTA ATENCIÓN A CADA DETALLE: COLORES, FORMAS Y SOMBRAS.

- AHORA TRATA DE DISTINGUIR ALGÚN AROMA, CIERRA LOS OJOS POR UN SEGUNDO Y CONCÉNTRATE EN TU OLFATO.

- PARA FINALIZAR, RESPIRA PROFUNDO 5 VECES: INHALA POR LA NARIZ, CUENTA HASTA 5, Y EXHALA POR LA BOCA.

MEDITACIÓN PARA DORMIR

- ACUÉSTATE BOCA ARRIBA UTILIZANDO UNA ALMOHADA NO MUY ALTA, DESPUÉS, PON TUS MANOS SOBRE EL ESTÓMAGO PARA SENTIR LOS MOVIMIENTOS DE TU CUERPO AL RESPIRAR.

- RELAJA EL CUELLO Y LA CARA. RELAJA LA BOCA Y DEJA LA MANDÍBULA "DESCOLGADA" CON LA BOCA ENTREABIERTA.

- COMIENZA A RESPIRAR PROFUNDO, SINTIENDO CON TUS MANOS CÓMO TU CUERPO SE LLENA DE AIRE. LUEGO REPÍTELO 5 VECES Y VUELVE RESPIRAR NORMALMENTE.

- COMIENZA A ESCANEAR TU CUERPO. TIENES QUE IR PARTE POR PARTE, DESDE LA CABEZA HASTA LOS PIES, SINTIENDO CÓMO LA ENERGÍA QUE GENERA TU ATENCIÓN PRODUCE UNA SENSACIÓN DE CALOR EN LA ZONA ESCANEADA.

- AL FINALIZAR CON EL ESCANEO, COMIENZA A CONTAR LAS RESPIRACIONES. DEL 1 AL 10 Y VUELVES A EMPEZAR. INTENTA IMAGINAR EL NÚMERO QUE ESTÁS CONTANDO EN EL AIRE Y CENTRA TODA TU ATENCIÓN EN ÉL. REPITE HASTA QUEDARTE DORMIDO.

PARA FRENAR, RESPIRA.

PARA RECORDAR, RESPIRA.

PARA ELEGIR, RESPIRA.

PARA SEGUIR, RESPIRA.

[RESPIRACIÓN]
→DE LOS COLORES←

AYUDA A CALMAR
LA ANSIEDAD

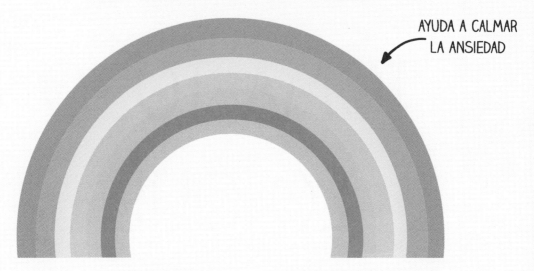

1. COLOCA TU DEDO EN LA PARTE INFERIOR DEL COLOR ROJO.

2. INHALA POR LA NARIZ SIGUIENDO EL TRAZO HASTA LLEGAR A LA CIMA.

3. CUANDO ESTÉS EN LA CIMA COMIENZA A EXHALAR POR LA BOCA Y CONTINÚA.

4. REPITE CON CADA COLOR. HAZLO TANTAS VECES COMO NECESITES.

CUANDO YA HAYAS HECHO ALGUNAS REPETICIONES, PUEDES INTENTAR VISUALIZAR EL COLOR QUE VAS SIGUIENDO. SOLO CIERRA LOS OJOS E INTENTA TRANSFORMAR ESA OSCURIDAD EN EL COLOR QUE ESTÁS TOCANDO.

TOMA TODO
LO QUE
NECESITES
BAÑO DE ESPUMA
PEDIR AYUDA
CONFIAR EN MÍ
DESCONECTARME
CAFÉ CON AMIGOS
VACACIONES
PONER LÍMITES
TIEMPO A SOLAS
DORMIR MUCHO

ESTÁ BIEN SI COMIENZAS
A ESCRIBIR TU NUEVA HISTORIA
HOY. LOS ERRORES DEL PASADO
SON LECCIONES, NO FRACASOS.
LA VIDA TE ESTÁ DANDO LA MANO,
SOLO TIENES QUE PONERTE
DE PIE Y AVANZAR.

MUCHO MÁS AMOR PROPIO

QUE TODO
LO DEMÁS,
VENDRÁ
SOLO.

El amor propio es elegirte, y elegirte es cuidarte. Y, cuando por fin te quieres a ti mismo, todo cambia. Cambia la forma en que te relacionas contigo y con los que te rodean, cambia la manera en que te sientes y te muestras, cambian las cosas que dejas entrar en tu vida, cambia la luz que proyectas al mundo.

Porque, si el amor es la energía que mueve el mundo, el amor propio es la energía que hará que te muevas con él. No hay ninguna energía más importante: porque todo ese amor que nace desde dentro te hace vibrar diferente y brillar más fuerte.

Recuerda: todo empieza contigo. Tienes que amarte mucho para poder enseñar a los demás cómo hacerlo. Tienes que saber que mereces una vida llena de cosas buenas. Tienes que entender que no hay mejor hogar para ti que un alma repleta de amor propio.

Llegó el momento de que te enamores de ti. Llegó el momento de que te pongas primero. Llegó el momento de soltar todas esas cosas que ya no eres, de dejar ir lo negativo y poner el foco en lo positivo. Llegó el momento de comenzar a crear tu mejor versión. Llegó el momento de ser feliz.

QUERIDO YO:

SÉ QUE ESTE VIAJE SERÁ DIFÍCIL,
PERO LLEGÓ EL MOMENTO DE
HACERLO. SÉ QUE ES UN DESAFÍO
Y VA A CANSAR, PERO TAMBIÉN
SÉ QUE ES LO QUE NECESITAS
PARA PODER ESTAR EN PAZ.
VAMOS UN DÍA A LA VEZ.
TODO VA A ESTAR BIEN.
TÚ PUEDES.

SÉ AMABLE CONTIGO MISMO

CONÉCTATE CON TU ESENCIA

ACEPTA TUS EMOCIONES

LIBÉRATE DE LA NECESIDAD DE APROBACIÓN AJENA

SIENTE ORGULLO DE TI MISMO

PRACTICAR AMOR PROPIO

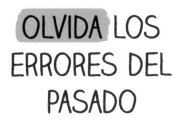

OLVIDA LOS
ERRORES DEL
PASADO

DEJA IR
TODO LO QUE
YA NO SUME

CELEBRA TODAS
TUS VICTORIAS

PROTEGE
TU PAZ

DI MÁS "SÍ"
A LAS COSAS
QUE AMAS

PASE LO
QUE PASE,
★ SIEMPRE ★
ME TENGO
A MÍ.

SEGURO QUE A ESTAS ALTURAS YA TE HAS DADO CUENTA DE QUE LAS PERSONAS VIENEN, SE QUEDAN, SE PIERDEN, VUELVEN Y SE VAN DE NUEVO. HAY UNA SOLA CONSTANTE EN TU VIDA: TÚ.

SEGURO QUE CRECISTE CREYENDO QUE AMAR SIGNIFICA AMAR A LOS DEMÁS. PERO NUNCA NADIE TE DIJO QUE EL PRIMER AMOR DE UNA PERSONA DEBERÍA SER EL PROPIO.

POR ESO YO SOLO QUIERO QUE SEPAS QUE PASE LO QUE PASE, LLEGUE QUIEN LLEGUE O SE VAYA QUIEN SE VAYA, LO ÚNICO QUE IMPORTA ES QUE TE TENGAS A TI.

PORQUE CUANDO TE TIENES A TI, CUANDO TE TIENES BIEN CERCA, NADA NI NADIE PODRÁ HACERTE DAÑO.

PARA QUE
QUEDE BIEN →
CLARO

NO
PIENSES
QUE TE
ESTOY
DICIENDO
×NO×
PORQUE
YA NO TE
QUIERO.

ES
QUE TE
ESTOY
DICIENDO
‹NO›
PORQUE
AHORA
YO SÍ ME
QUIERO.

TE DIGO NO

PARA DECIRME SÍ.

MUCHOS MÁS "SÍ" PARA MÍ. MUCHOS MÁS "SÍ" PARA LAS COSAS QUE ME HACEN BIEN. SÍ A LA GENTE QUE SUMA. SÍ A CREER. SÍ A CONFIAR EN MÍ. SÍ A DARME TIEMPO. SÍ A PENSAR COSAS BUENAS. SÍ A SENTIRME EN PAZ. SÍ A TODO LO QUE ME HACE AVANZAR. SÍ AL AMOR PROPIO.

QUIÉRETE MUCHO

MUCHO

(TE VAS A NECESITAR SIEMPRE)

CIERRA LOS OJOS Y CONCÉNTRATE.
RESPIRA PROFUNDO. PON LA MANO
EN TU CORAZÓN. SIENTE. TODAS LAS
RESPUESTAS QUE NECESITAS ESTÁN AHÍ,
EN TU CORAZÓN, EN TUS ENTRAÑAS.
EL GRAN AMOR DE TU VIDA ESTÁ ALLÍ.
LA FELICIDAD QUE TANTO ANSÍAS. LA
PAZ QUE TANTO NECESITAS. NO TE
DEJES PARA DESPUÉS. QUIÉRETE
TODOS LOS DÍAS. CULTÍVATE, MÍMATE.
TE NECESITAS HOY. TE NECESITAS BIEN.

LLEGUÉ A CIERTO PUNTO DE LA VIDA Y LO SUPE. DE TODOS LOS [CAMINOS] QUE ELEGÍ, EL QUE MÁS VALIÓ LA PENA FUE →CONOCERME.←

Llegamos al tercer tramo del camino para elegirte: el autoconocimiento. En mi opinión, esta es la parte más importante y, también, la más difícil y dolorosa.

Difícil porque lo que el autoconocimiento busca es que te conozcas a ti mismo como persona; no como amigo o amiga, padre o madre, hermano o hermana, hijo o hija, esposo o esposa. Quiere que te conozcas como la persona que realmente eres, pura y dura. Y es ahí, en ese trabajo interno que tenemos que hacer, cuando más dolor sentimos. Pero no quiero que te confundas, no es el dolor que te lastima, es el tipo de dolor que te cambia, que te despierta, que te hace crecer. Porque, por más que el camino sea largo y sinuoso, es el camino más rico y excitante que podemos recorrer en nuestra vida. Es el camino que abrirá puertas que nunca te habías animado a abrir. Es el camino que te hará descubrir el porqué de muchas de tus cosas.

Yo te doy la mano, agárrate fuerte de ti mismo y prepárate para recorrer juntos este camino de crecimiento en las próximas páginas.

NO CREAS TODO LO QUE PIENSAS

Buda describe la mente humana como un montón de "monos borrachos" que saltan enloquecidos dentro de tu cabeza. Tienes el mono miedoso, el mono alarmista, el mono pesimista, el mono derrotista, etc. Todos están dentro de tu cabeza esperando el momento oportuno para controlar tu atención.

Parece un ejemplo simple, ¿no? Lo es, pero reconocer estos monos puede cambiarte la vida. A mí me la cambió. Desde que leí esto ya no veo a mis pensamientos de la misma manera, ahora sé que cuando se me cruza un pensamiento malo digo: "¿Qué mono está queriendo acaparar mi atención?", "¿Será el mono miedoso?", "¿Será el pesimista?". Una vez que lo identifico, desarrollo ese pensamiento: "¿Será tan malo si pasa eso?", "¿Qué posibilidades tengo?", "¿Se puede solucionar?". La respuesta, créeme, siempre será sí.

Nuestro mayor superpoder como seres humanos es la habilidad de elegir un pensamiento por encima de otro. Por eso, la próxima vez que un "mono borracho" intente acaparar tu atención, elige detenerte; respira profundo y entiende que es solo eso, un pensamiento. Recuerda que tú puedes elegir hacerle caso a ese molesto pensamiento, o centrar tu atención en algo mejor. A veces podrá ser más complicado que otras, pero siempre siempre está en tus manos pensar en positivo.

TODOS TUS SENTIMIENTOS SON VÁLIDOS

LO ESTÁS SINTIENDO ASÍ.
NO TRATES DE ENTENDERLO NI
DE CAMBIARLO. DALE ESPACIO.
DÉJALO QUE DUELA. DÉJALO
QUE FLUYA. [SIENTE LO QUE
TENGAS QUE SENTIR], CON
TUS TIEMPOS Y A TU MODO.
LUEGO SOLO ACÉPTALO Y
SUÉLTALO. NO PERMITAS
QUE TE CONSUMA.

RECUERDA:

CAMBIAR LA FORMA EN LA QUE [PIENSAS] CAMBIARÁ LA FORMA EN LA QUE →ACTÚAS.←

La única forma de cambiar tu realidad es entendiendo cómo la creas. Todos esos pequeños pensamientos que tienes durante el día son los responsables de ir creando, de a poquito, tu realidad. Cambiar la forma en la que piensas impactará en tus emociones y, por consiguiente, transformará la forma en la que vives y actúas.

Los cambios no tienen que ser muy grandes, pueden ser tan simples como estar más atento a la forma en que te hablas a ti mismo. Por ejemplo: La próxima vez que pienses "Soy un desastre" intenta decir "Soy humano y estoy creciendo". Cuando notes que tu mente te dice "No puedo hacer esto" trata de pensar "Todo es posible, solo tengo que probar por otro lado". Si algo no te sale bien y piensas "Soy un fracaso" cámbialo por un "Estoy aprendiendo". También, cuando no entiendas el porqué de una situación, en vez de decir "¿Por qué me pasa esto?" prueba con "¿Qué me está queriendo enseñar esto?".

Tu mente es poderosa, no la dejes tener el control de todo. Aprende tú a entenderla y a dominarla. Aprende el valor de pensar en positivo para atraer cosas positivas. Tus pensamientos de hoy están creando tu realidad. Tu felicidad comienza en tus pensamientos. Sí, tus pensamientos importan (y mucho).

RECUERDA
QUE PUEDES
SENTIR:

CANSANCIO
TRISTEZA
ENOJO
INCERTIDUMBRE
ANSIEDAD
RABIA
SOLEDAD
AGOTAMIENTO
MIEDO
INDIGNACIÓN
DOLOR

Y, AUN ASÍ,
SEGUIR SIEND
POSITIVO

PORQUE SER POSITIVO TAMBIÉN ES APRENDER A ACEPTAR TODAS NUESTRAS EMOCIONES. PORQUE SI PODEMOS RECONOCER NUESTROS SENTIMIENTOS, VAMOS A PODER CONTROLARLOS. PORQUE TODOS LOS DÍAS TE VAS A SENTIR DIFERENTE, Y PORQUE LA VIDA SIEMPRE NOS VA A PRESENTAR NUEVOS DESAFÍOS. POR ESO, SEA LO QUE SEA QUE ESTÉS SINTIENDO: ACÉPTALO, VÍVELO Y SUÉLTALO. NO DEJES QUE TE CONTROLE. SÉ POSITIVO. PIENSA POSITIVO. ACTÚA POSITIVO.

¿Y SI CAMBIAS
POR UN MOMENTO
[TU FORMA] DE
VER LAS COSAS?

A veces solo se trata de eso, de buscarle la vuelta, de alejarse de la situación y tratar de ver todo con otros ojos.

Hace mucho tiempo alguien me contó una fábula hermosa. Lo hizo para intentar ejemplificar su idea; era algo simple, pero quedó en mi mente guardada para siempre. Lo que me dijo fue: "Imagínate que a los pocos minutos de nacer te ponen unas lentes de contacto rosas en los ojos. Son unas lentes especiales que no necesitan ser cambiadas. Vas a crecer y vivir con esas lentes. Verás todo rosa, claro, las bananas serán rosas, el cielo será rosa, los árboles, las personas, etc. La realidad, con tus ojos, se verá rosa". Ahora imagina que tienes que explicarle a esta persona que los limones, en realidad, son amarillos. ¿Cómo lo haces? Se lo puedes decir de mil maneras, pero para él, los limones siempre fueron y serán rosas. Lo mismo pasa con cada una de las personas que habitan este mundo. Todos somos un cúmulo de las cosas que vimos y aprendimos durante nuestra vida. Las lentes con las que nosotros vemos el mundo marcarán la forma en la que reaccionamos a él. Solo una persona abierta podrá quitarse las lentes por un segundo para ver las cosas de otra forma. Tú tienes que ser siempre esa persona. Tienes que animarte a dejar de lado las lentes por un rato y animarte a cambiar la forma en la que ves el mundo, para que todo tu mundo cambie de forma.

PERDER PESO O GANAR PESO

DIENTES MÁS BLANCOS

GANAR MÁS DINERO

MÁS AMIGOS

COSAS QUE CREES QUE NECESITAS PARA SER FELIZ

PIEL MÁS CLARA O MÁS OSCURA

UNA CASA MÁS GRANDE

MÁS MÚSCULOS

MENOS CELULITIS

UN COCHE NUEVO

MEJOR ROPA

QUERERTE	ACEPTARTE	RESPETARTE
TRABAJAR EN TI	COSAS QUE EN REALIDAD NECESITAS PARA SER FELIZ	APRECIAR LO QUE TIENES
CUIDARTE		VALORARTE
AGRADECER MÁS	PERDONARTE	CONOCERTE MÁS

NOTA PARA MÍ:

NO NECESITAS
[CAMBIARTE]
PARA PODER
GUSTARTE.

Autoconocimiento también es saber que no hace falta cambiar nada de ti para que puedas gustarte. Que así tal como eres, con todo lo bueno y lo malo, estás completo. Que las opiniones externas no te definen. Que no existe un estándar de nada. Que lo único que necesitas es mirarte en el espejo y sentirte real.

PARA PODER RESPETARTE, PRIMERO TIENES QUE ACEPTARTE.

Aceptarte es aprender a vivir con las marcas y experiencias que le dan forma a tu vida. Aceptarte es darte cuenta de que naciste para ser así, que nadie es perfecto, y que ser real en un mundo que quiere convertirte en otra cosa es tu mayor superpoder.

Aceptarte también es conocerte. Es saber por qué te sientes así en ciertas situaciones de la vida. Es comprender lo que pasa por tu cabeza cuando te enfrentas con alguien o algo. Es entender tu cuerpo y tus energías. Es darte cuenta cuándo tienes que cambiar algo de tu vida para poder encontrar la paz.

Aceptarte también es dejar de pedir perdón por ser como eres. Es aprender a que tu paz y tranquilidad están por encima de todo el resto, que es imposible poder complacer a todo el mundo, y que solo cuando estés cien por cien a gusto contigo es cuando vas a poder ser totalmente feliz.

¿QUIÉN SOY?

EL PRIMER PASO PARA PODER SER
REALMENTE FELIZ ES SABER QUIÉN ERES
Y ACTUAR EN CONSECUENCIA.

Saber quién eres hoy es lo que realmente te dará las herramientas necesarias para poder llevar adelante una vida feliz. Saber qué te hace bien y qué cosas suman para tu vida es clave para no malgastar tu energía.

Quién eres tiene que ver mucho con tu personalidad y con las cosas que te hacen bien. Crecemos en una sociedad que todo el tiempo nos está queriendo marcar un estilo de vida o una forma de ser. Muchos, lamentablemente, pensamos que eso que vemos en las pantallas es el estilo de vida ideal para nosotros, cuando, en la mayoría de los casos, esto no es así. Ese estándar que te proponen, además de ser irreal, puede no favorecer tu salud emocional y, en algunos casos, reprimirte como persona.

Yo, por ejemplo, pasé toda mi vida reprochándome por querer pasar los fines de semana en mi casa leyendo un libro o viendo una película en vez de salir de fiesta con mis amigos. Siempre creí que el problema era yo, que el inadaptado era yo. No fue hasta que descubrí que tenía una personalidad introvertida que pude empezar a entenderme. Eso que sentía no estaba mal, eran mi cuerpo y mi mente protegiendo mi energía. Todas esas salidas que me perdí no fueron un error, eran pequeñas demostraciones de amor hacia mí mismo.

Pasé toda la vida pensando que era tímido o inseguro. Pensaba que era un problema de autoestima. "Es que Juan es tímido" o "¿Por qué sos tan callado?" tuve que escuchar mil veces. Ojalá hubiera tenido las herramientas en ese momento para decirles: "No soy tímido ni callado, soy introvertido. Lo que a ti te hace bien, a mí me quita la energía".

Bueno, habiendo podido sacarme todo esto de encima (¡ja!) también quiero que sepas que ir por la vida sin haber descubierto tu verdadera personalidad puede generarte diferentes sensaciones. Están los que se sentirán algo incompletos, los que tendrán una fuerte sensación de vacío, y los que se pasarán la vida autorreprochándose por no poder ser como ellos creen que deberían ser. Para todos estos casos, la buena noticia es que hay una solución y es mucho más fácil, rápida y económica de lo que pensamos: un test de personalidad. Existen varios tipos y puedes hacerlo por tu cuenta o buscar un profesional. El que me sirvió a mí fue un test basado en el modelo de Myers-Briggs; hay varios y puedes encontrarlos todos haciendo una simple búsqueda en internet.

Ahora ya lo sabes, no estás mal, no eres diferente, no necesitas ajustarte a ningún estándar preestablecido. Eres tú y eso está más que bien.

CAMBIASTE. PUEDE QUE ALGUNOS LO NOTEN. PUEDE QUE OTROS TE VEAN RARO. PERO TÚ SABES QUE, POR FIN, CAMBIASTE. Y AHORA TE SIENTES MEJOR QUE NUNCA. ENTENDISTE QUE TODO LO QUE ESTÁ VIVO CAMBIA, MUTA, SE TRANSFORMA. YA NO QUIERES SER LA MISMA PERSONA DE SIEMPRE. YA NO TE CRUZAS EN TU PROPIO CAMINO. YA NO TE DA VERGÜENZA MOSTRARTE. ELEGISTE CRECER. ELEGISTE CAMBIAR Y EXPANDIRTE. ELEGISTE SOLTAR TODO LO QUE NO TE PERMITÍA AVANZAR, PARA LLENARTE SOLO DE COSAS BUENAS.

PARTE 2

A MI ALREDEDOR

ES TODO ESO QUE PASA A TU ALREDEDOR
LO QUE LE DA FORMA A TU VIDA. SON LAS
PERSONAS QUE AMAS, LA FAMILIA QUE
TIENES Y LOS AMIGOS QUE ELIGES.
SON LOS PROYECTOS EN LOS QUE TE
EMBARCAS, LOS FRACASOS QUE PADECES
Y LOS ÉXITOS QUE DISFRUTAS. SON LOS
MIEDOS QUE SUPERAS, LAS HERIDAS QUE
SANAS Y LA FUERZA QUE TRANSMITES.
TODO LO QUE PASA A TU ALREDEDOR
ES ENERGÍA. TODO LO QUE PASA A TU
ALREDEDOR ESTÁ CAMBIANDO TU VIDA.

A tu alrededor encontrarás miles de cosas buenas y cosas malas. Como siempre, eres tú quien va a decidir cómo interactúas con ellas.

A medida que creces vas obteniendo las herramientas necesarias para poder hacer frente a todas estas cosas. La forma en que te relacionas con las personas cambiará de una a otra, y todas van a dejarte algún tipo de enseñanza. La manera en la que te ves a ti mismo también cambiará con el tiempo. Lo que hoy te afecta seguro mañana no lo hará, y cosas que hoy ni te imaginas serán tus mayores desafíos. También aprenderás a recibir los golpes de la vida, ya no los verás como obstáculos, sino como pequeños empujoncitos para retomar el rumbo. Las decepciones no dolerán tanto y las heridas sanarán mucho más rápido.

Por eso siempre agradece por todo lo que pasa a tu alrededor. Piensa en las cosas hermosas que te rodean. Piensa en las personas maravillosas que conociste. Piensa en todo lo que cambiaste y creciste. Piensa que tienes muchísimas más cosas para agradecer que para reprochar.

SIEMPRE CON LAS VIBRAS BIEN ALTAS

MANTENER LAS VIBRAS ALTAS SIGNIFICA CONFIAR. VIBRAR EN AMOR Y AGRADECIMIENTO CAMBIA TU ENERGÍA, TE ALEJA DE QUIENES NO EMITEN ESA ONDA Y TE CONECTA CON QUIENES SE MUEVEN POR LA VIDA EN TU MISMA SINTONÍA. POR ESO, PASE LO QUE PASE, MANTÉN SIEMPRE TUS VIBRAS BIEN ALTAS. MUCHAS COSAS MEJORES SE TE APROXIMARÁN, TE LO ASEGURO, VOLANDO ALTO HAY MUCHA MENOS INTERFERENCIA.

HOY SOY CAPAZ DE [AGRADECER] POR TODAS ESAS HERIDAS EN MI VIDA QUE LLEGARON PARA QUE PUEDA ABRIR →LOS OJOS.←

No todos los golpes de la vida llegan para lastimarnos. Muchos buscan que reaccionemos, que despertemos de una vez y entendamos que no estamos en el camino correcto. Otros dejarán una marca que durará más tiempo, que se quedará ahí para recordarnos cómo llegó a nosotros, y que solo se irá cuando la sanemos por completo.

La próxima vez que sientas uno de esos golpes, intenta cambiar el "¿Por qué me pasa esto?" por un "¿Qué me está queriendo enseñar esto?". Créeme, funciona. Hay muchas heridas de la vida que se cierran cuando aprendemos a abrir los ojos.

- TU VIDA
- ESTE MOMENTO

ESTE MOMENTO NO ES TU VIDA. ESTE MOMENTO ES SOLO UNA PEQUEÑA PARTE DE TU VIDA. ESTE MOMENTO LLEGÓ PARA ENSEÑARTE ALGO, PARA HACERTE ABRIR LOS OJOS O PARA MOSTRARTE EL CAMINO. TU VIDA ESTARÁ LLENA DE MOMENTOS COMO ESTE QUE, AL IGUAL QUE EL RESTO, PASARÁN. SOLO TIENES QUE CONFIAR EN QUE HOY ESTÁS JUSTO DONDE NECESITAS ESTAR. SOLO TIENES QUE CREER QUE TODO LO QUE LLEGA ES PERFECTO PARA TI.

NOTA MENTAL:

[ESTÁ BIEN]
VIVIR UNA VIDA
QUE OTROS
→ NO ENTIENDAN. ←

¡NO NECESITAS VALIDACIÓN!
SON TUS ELECCIONES, TUS
GUSTOS Y TUS COSAS. ES TU
CAMINO, CON TUS TIEMPOS Y
TUS GANAS. NO PIDAS PERMISO.
NO ESPERES APROBACIÓN.
[LIBÉRATE DE LA MIRADA AJENA]
Y CRECE. SIGUE ADELANTE Y
VUELA. ENCIENDE TU LUZ
Y BRILLA.

SOLTAR

SOLTAR ES DESPRENDERTE DE TODAS LAS COSAS QUE YA NO VIBRAN A TU NIVEL. SOLTAR ES ENTENDER QUE TODAS LAS PERSONAS QUE CONOCEMOS CUMPLEN CON UN ROL ESPECÍFICO EN NUESTRA VIDA. SOLTAR ES DARNOS CUENTA QUE TODAS LAS SITUACIONES LLEGAN PARA DEJARNOS ALGO. PERO, POR SOBRE TODO, SOLTAR ES SABER AGRADECER POR TODO ESO QUE PASÓ Y YA NO ESTÁ EN NUESTRA VIDA. SOLTAR, AGRADECER, EVOLUCIONAR.

RELACIONES Y
PERSONAS TÓXICAS

PENSAR TODO
DEMASIADO

MIEDO AL FRACASO
(O AL ÉXITO)

COMPARACIONES
CON EL RESTO

SUELTA

ARREPENTIMIENTOS
POR COSAS
DEL PASADO

NECESIDAD DE
CONTROLAR TODO

COSAS
PARA
DEJAR IR
HOY

TUS MIEDOS E
INSEGURIDADES

TU ZONA
DE CONFORT

PREOCUPACIONES
INNECESARIAS

NECESIDAD DE
COMPLACER A
TODO EL MUNDO

QUE A PARTIR DE HOY PUEDAS SOLTAR
TODOS LOS MIEDOS Y ARREPENTIMIENTOS.
QUE YA NO IMPORTE QUÉ PASÓ AYER. QUE
PUEDAS PONER EL FOCO EN TI Y EN TU
CRECIMIENTO. QUE VEAS LO POSITIVO POR
SOBRE TODO. QUE ENTIENDAS Y AGRADEZCAS
ESTAR AQUÍ HOY. QUE TE DES CUENTA DE
LAS MUCHAS Y MARAVILLOSAS POSIBILIDADES
QUE NOS DA LA VIDA. QUE A PARTIR DE HOY
CON TODO TU CUERPO CONFÍES EN TI. QUE
HOY CON TODO TU CORAZÓN DECIDAS SER FELIZ.

DEJAR IR NO SIEMPRE ES PERDER: DEJAR IR TAMBIÉN ES GANAR. PORQUE CUANDO SOLTÉ LO QUE YA NO IBA CONMIGO, GANÉ ESPACIO PARA LO NUEVO.

¿ESTÁS SEGURO DE QUE PERDISTE ALGO?

Solo tú sabes lo que es bueno para ti. Por eso la próxima vez que tengas que dejar ir algo en tu vida o cuando termines con una relación —sea amorosa, de amistad, familiar o de cualquier otro tipo—, debes intentar frenar por un segundo, ver cómo te sientes y hacerte estas preguntas:

¿Ese final te trajo paz?

¿Te sientes aliviado por momentos?

¿Crees que ahora puedes volver a ser
la persona que eras?

Si la respuesta a alguna de estas preguntas es "sí" —aunque sea un sí chiquito o con dudas— entonces no, quédate tranquilo, no has perdido nada.

ESTOY DONDE
TENGO QUE ESTAR.

↓

VOY POR DONDE
TENGO QUE IR.

↓

EL TIEMPO ES
MI TIEMPO.

↓

PORQUE ES MI VIDA,
ES [MI HISTORIA] Y SON
→ MIS DECISIONES. ←

Que nadie te haga creer que existe un tiempo indicado para cada cosa. Todas nuestras historias son diferentes. Nadie va por delante de ti y tú no vas por delante de nadie. La vida no es una lista de supermercado, no tienes que ir tildando casilleros hasta poder completarlos todos. Esta es tu vida y son tus elecciones, son tus preferencias, son tus ganas de cada cosa, son tus tiempos y es tu energía.

Por eso tienes que saber que estás justo a tiempo para lo que sea, que tu cuerpo lleva consigo la energía necesaria para realizar todo eso que sueñas, y que tú eres el único responsable de escribir la historia que quieras.

Hoy solo tienes que agradecer por las cosas que la vida te fue dando hasta ahora, y comenzar a prepararte para insistir miles de veces hasta lograr lo que quieres. Pero, por favor, no te presiones. Recuerda siempre que es tu vida, es tu historia, son tus tiempos y son tus decisiones.

CERRADO

(ESTOY TRABAJANDO EN MÍ)

YA ESTÁ. PERDÓNATE POR TODAS LAS VECES QUE NO TE PRIORIZASTE. PERDÓNATE POR HABER REGALADO TUS FUERZAS, POR NO HABERLO VISTO MÁS CLARO, POR NO HABER RESPETADO EL CAMINO. PERDÓNATE Y COMIENZA DE NUEVO. CUELGA EL CARTEL DE "CERRADO". ABRÁZATE FUERTE. TRABAJA TODOS LOS DÍAS EN TI, EN TU CUERPO Y EN TU ALMA. APROVECHA EL TIEMPO Y LAS OPORTUNIDADES. ÁMATE MUCHO Y COMIENZA CON UNA NUEVA VIDA. TÚ ERES TU PROYECTO MÁS IMPORTANTE.

RECUERDA:

LOS LÍMITES QUE
HOY ESTABLECES A
TU ALREDEDOR,
MAÑANA [PROTEGERÁN]
→ TU ENERGÍA. ←

DEFINE TUS LÍMITES.
CREA UN ESCUDO.
PROTEGE TU ENERGÍA,
TU TIEMPO Y TUS GANAS.
PROTÉGETE A TI, A TUS
COSAS Y A TU PAZ MENTAL.
[ÁMATE MUCHO] Y ESTARÁS
A SALVO. PROTEGE TU LUZ
Y BRILLARÁS.

[EL PROCESO] PARA SANAR

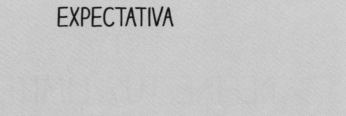

EXPECTATIVA

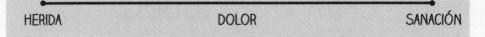

HERIDA   DOLOR   SANACIÓN

REALIDAD

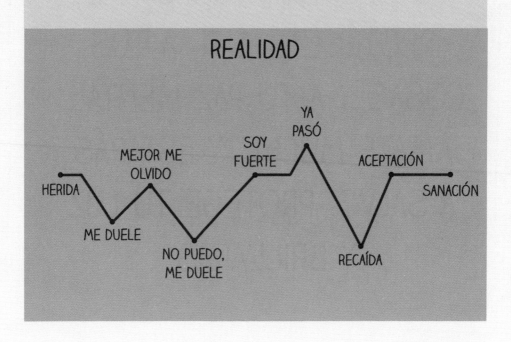

HERIDA

ME DUELE

MEJOR ME OLVIDO

NO PUEDO, ME DUELE

SOY FUERTE

YA PASÓ

RECAÍDA

ACEPTACIÓN

SANACIÓN

ESTÁ BIEN SI CREÍAS QUE YA HABÍA PASADO, PERO TE ESTÁ DOLIENDO DE NUEVO. ESTÁ BIEN SI HOY TE SIENTES CONFUNDIDO, AUN CUANDO PENSABAS QUE TENÍAS TODO BAJO CONTROL. [SANAR NUNCA ES LINEAL; UN DÍA TE PIERDES Y AL OTRO TE VUELVES A ENCONTRAR.

MIEDO

LIBERTAD

×YA NO ME ESCONDO.×
ME PERMITO NO ENCAJAR.
ME PERMITO SER DIFERENTE.
APRENDÍ A AMAR LAS PARTES DE
MÍ QUE ME DABAN MIEDO. YA NO
DUDO. [ESTOY CRECIENDO.] ESTOY
CAMBIANDO. MI VIDA ES MÍA. MI
ENERGÍA ES SAGRADA. HOY ELIJO
CONFIAR Y ESPERAR. HOY ELIJO
•CONFIAR Y PROSPERAR.•

RECUERDA:

SIEMPRE, SIEMPRE, SIEMPRE, HAY ALGO POR LO QUE ESTAR →AGRADECIDOS.←

Ser agradecido cambiará tu forma de ver la vida. Porque mires para donde mires y estés en el lugar o la situación en la que estés, si lo decides y prestas atención, encontrarás muchas cosas para agradecer. Porque en el momento en que comienzas a agradecer por esas pequeñas cosas, estás abriendo la puerta para que muchas otras mejores lleguen.

Tienes que comenzar por agradecer cosas pequeñas, el café de la mañana, un plato de comida caliente, un techo donde dormir, algo de dinero en el banco. Agradece también por las personas en tu vida, las que están siempre y te acompañan, las que ya no están y dejaron enseñanzas. Agradece tener sueños y proyectos que te marcan el camino. Agradece por tu trabajo o por tus estudios. Agradece por todas las cosas que aún no sabes y estás aprendiendo. Agradece por los errores y tropiezos que te ayudaron a ser más fuerte. Agradece por todo lo que tienes y por todo lo que aún no tienes. Imagínate si tuvieras todo, ¿qué te quedaría? Pero, por sobre todo, agradece estar aquí y ahora, con tus ganas y tus energías, sabiendo que está en ti el poder de hacer un pequeño cambio en tu vida que te permita ser mucho más feliz, con solo decir gracias.

NO ES FÁCIL SER LA OVEJA POSITIVA DE LA FAMILIA.

Sí, no es fácil ser la oveja positiva de la familia. Y no, no te sientas mal por eso, es mucho más normal de lo que parece. Las familias tóxicas existen, muchos ya las vivimos y puede que tú estés envuelto en una de ellas, aun sin darte cuenta.

Esa toxicidad se puede expresar de muchas formas. Falta de comunicación, poca demostración de afecto, peleas, insultos, comentarios hirientes, desprecios, etc. Todo esto genera un ambiente hostil que, con el paso del tiempo, se vuelve insoportable. Además, las personas tóxicas suelen creer que siempre tienen la razón, lo que hace casi imposible poder dialogar con ellas.

Una idea preestablecida que tenemos que cambiar es que los vínculos con la familia no se deberían romper. Existen casos en los que, para proteger tu estabilidad mental y emocional, debes distanciarte de algunos miembros de la familia.

¿Cuál es la parte positiva de esto? Es que la familias no son siempre de sangre, también son de almas. La familia son todas esas personas en tu vida que te quieren ver bien, las que te apoyan y entienden, las que siempre están y no te juzgan, las que pueden ver que tú eres un alma positiva que necesita comprensión y no represión.

TUS
ELECCIONES

TUS SUEÑOS
Y PROYECTOS

LAS PERSONAS
EN TU VIDA

TU APARIENCIA
Y LA ROPA QUE
USAS

TU IDENTIDAD O
PREFERENCIAS

COSAS
QUE NO
NECESITAS
EXPLICAR

LO QUE
SIENTES

TUS
RESPUESTAS

TUS
CREENCIAS

TUS
PENSAMIENTOS

TU
VIDA

Una parte más que fundamental en el camino para proteger tus energías es aprender a no dar explicaciones innecesarias. La mayoría de la gente no las necesita y, en muchos casos, no las escuchan o no logran entenderlas. Gastarás tiempo, fuerzas y paz en formular respuestas innecesarias a preguntas que nunca te deberían haber hecho.

Sé respetuoso. No dañes a nadie y hazlo con tacto. No está mal si solo quieres decir: "No tengo ganas", "No, gracias", "Es algo que me guardo para mí", "Prefiero no hablar de ese tema". Todas las respuestas son válidas.

En serio, tu vida se sentirá mucho más ligera cuando no sientas la necesidad de dar explicaciones innecesarias. Porque tu vida es tuya. Tus decisiones son tuyas. Tus preferencias son tuyas. Tu apariencia es tuya. Tus respuestas son tuyas. Tus sueños son tuyos. Vive ligero, vive tranquilo.

PARTE 3

EL MUNDO Y YO

SOLO HACE FALTA [ABRIR LOS OJOS] POR UN SEGUNDO PARA VER QUE EL MUNDO NO ES UN LUGAR TAN MALO COMO NOS QUIEREN HACER CREER. COSAS BUENAS PASAN TODO EL TIEMPO EN TODOS LADOS. EL AMOR EXISTE Y ESTÁ TOMANDO NUEVAS FORMAS Y COLORES. LAS PERSONAS CADA VEZ CREEN MÁS EN SU PODER DE TRANSFORMAR LO ESTABLECIDO. SÍ, EL MUNDO ES UN LUGAR HERMOSO Y SE ESTÁ VOLVIENDO CADA DÍA MEJOR.

¿Cómo hago para convencerte de que el mundo es un lugar increíble? ¿Cómo hago para que, por un ratito, me creas a mí por sobre todo el resto? ¿Cómo hago para pedirte que apagues las pantallas y saques tus propias conclusiones?

Tienes dos maneras de ver el mundo. Puedes elegir la negativa y creer que "todo tiempo pasado fue mejor" y que las cosas están cada vez peor. O puedes elegir la positiva y creer que estamos mucho mejor que hace algunos años atrás y que esa falsa creencia de que el mundo está cada vez peor es una realidad construida por la sociedad de forma automática y sin responder a datos certeros.

Yo prefiero los datos, por eso en las próximas páginas te voy a presentar algunos. Te pido que los veas y saques tus propias conclusiones.

EL NÚMERO DE PERSONAS
EN SITUACIÓN DE POBREZA
EXTREMA ES EL MÁS BAJO
DE LA HISTORIA

↓

EL PORCENTAJE BAJÓ UN 74,1% EN LOS
ÚLTIMOS 25 AÑOS. LA ONU SE PROPUSO
ELIMINARLA TOTALMENTE PARA 2030.

LOS ACOSOS SEXUALES
ESTÁN SALIENDO
A LA LUZ

↓

CADA VEZ MÁS MUJERES SE ESTÁN
ANIMANDO A DENUNCIAR. EL
PORCENTAJE CRECIÓ TANTO
ENLOS ÚLTIMOS AÑOS QUE
ES IMPOSIBLE DE CALCULAR.

EL MUNDO ESTÁ

EL PORCENTAJE DE NIÑOS
QUE TERMINAN LA ESCUELA
PRIMARIA ESTÁ CRECIENDO

↓

EN 2019 EL PORCENTAJE LLEGÓ
A 89,59%, MARCANDO UN NUEVO
RÉCORD HISTÓRICO.

MÁS MUJERES
ESTÁN EN POSICIONES
DE PODER

↓

VER MUJERES SIENDO CANDIDATAS
Y ELEGIDAS PARA PUESTOS DE PODER
ES ALGO CADA VEZ MÁS NORMAL
EN EL MUNDO.

EL AGUJERO DE LA CAPA DE OZONO SE ESTÁ CERRANDO

LA PROHIBICIÓN EN EL USO DE ALGUNOS COMPONENTES ESTÁ DANDO RESULTADO. SI BIEN SIGUE SIENDO UNA AMENAZA PARA EL MEDIO AMBIENTE, EL AGUJERO SE CIERRA CADA VEZ MÁS.

EL ACCESO A LA TECNOLOGÍA ES ALGO CADA VEZ MÁS HABITUAL

APROXIMADAMENTE EL 50% DE LA POBLACIÓN MUNDIAL CUENTA CON ACCESO A INTERNET, INCREMENTANDO LAS POSIBILIDADES DE ESTUDIO A MÁS PERSONAS.

CADA VEZ MEJOR

EL MUNDO ES UN LUGAR CADA VEZ MEJOR PARA LAS PERSONAS LGBTIQ+

EL MATRIMONIO ENTRE PERSONAS DEL MISMO SEXO YA ES LEGAL EN 26 PAÍSES Y MUCHOS OTROS TIENEN PROCESOS EN DESARROLLO. CADA VEZ SE RECONOCEN MÁS DERECHOS.

LA SALUD MENTAL ES UN TEMA CADA VEZ MÁS NORMAL

LAS PERSONAS ESTÁN MÁS ABIERTAS A DISCUTIR TEMAS RELACIONADOS CON LA DEPRESIÓN Y ANSIEDAD.

RECUERDA:

LA BUENA
ENERGÍA ES
CONTAGIOSA

CONTAGIEMOS BUENA ENERGÍA.
COMPARTAMOS BUENAS NOTICIAS.
RECOMENDEMOS LIBROS, PELÍCULAS,
SERIES. ESCRIBE UNA CARTA. HAZ
UN DIBUJO Y COMPÁRTELO. PONTE
EN CONTACTO CON ALGUIEN CON
QUIEN NO HABLAS HACE MUCHO.
LLAMA A TUS PADRES Y DILES QUE
LOS QUIERES. PÍDELE A TUS ABUELOS
QUE TE CUENTEN UNA HISTORIA.
JUEGA. ABRAZA. RÍE. LLÉNATE
DE BUENA ENERGÍA Y CONTÁGIALA.

A VECES
NO ES SOLO
BRILLAR.

TAMBIÉN
ES AYUDAR A
ALGUIEN

PARA
PODER BRILLAR
JUNTOS.

BRILLEMOS JUNTOS.

BRILLEMOS DE A MUCHOS.

EL MUNDO NECESITA ESO.

NO TE QUEDES CON LA DUDA.

SI SIENTES GANAS DE DECIRLE ALGO BONITO A ALGUIEN, ¡DÍSELO!

↓

A TI SOLO TE TOMARÁ UN SEGUNDO DECIRLO, PERO PARA ESA PERSONA PODRÍA DURAR TODA LA VIDA.

SI TIENES GANAS DE PREGUNTAR ALGO, ¡PREGUNTA!

↓

VALE MUCHO MÁS UNA PREGUNTA TONTA QUE UN TONTO QUE NO PREGUNTA.

SI HACE MUCHO QUE QUIERES HACER ALGO Y NO TE ANIMAS, ¡HAZLO!

↓

MEJOR FALLAR INTENTÁNDOLO QUE QUEDARTE CON LA DUDA DE QUÉ HUBIERA SIDO.

¿QUIERES SABER SI ESE AMOR FUNCIONARÁ? ¡ARRIÉSGATE!

↓

BESA, SIENTE, AMA. VIVE CADA MOMENTO. NO TE QUEDES CON LAS GANAS. RECUERDA QUE ALGUNAS COSAS QUE TE HACEN FELIZ Y TE DAN UN POCO DE MIEDO, ES JUSTO LO QUE NECESITAS.

NOTA PARA MÍ:

[AÚN ESTOY]
A TIEMPO PARA
LO QUE SEA.

El mundo te hace creer que existe un tiempo indicado para todo en la vida, pero no es así. La vida te da miles de oportunidades, te regala 24 horas por día para crear tu propio camino. Eres tú quien elige cómo utilizarlas. Eres tú quien decide si aprovecharlas o no. Eres tú el arquitecto de tus días.

Por eso nunca es tarde para nada. No importa lo que te digan los demás. No es tarde para pedirle perdón a esa persona. No es tarde para comenzar de nuevo eso que estás postergando hace tanto. Nunca es tarde para un cambio de rumbo, para replantear tu vida personal o laboral. Nunca es tarde para expresarte, para comenzar con un nuevo hobby, para cambiar tu cuerpo.

¿Cuándo fue la última vez que hiciste algo por primera vez? Si la respuesta es, "Hace mucho", estás por el mal camino. Porque no hay nada más lindo que hacer algo por primera vez, que animarte a intentarlo, que comenzar con algo nuevo que sea solo para ti. Comienza hoy, comienza con dudas o miedos, comienza sin mirar atrás, comienza sin arrepentimientos. Se puede. ¡Tú puedes!

NO JUZGAR A LOS DEMÁS

AGRADECER MUCHO MÁS

PRESTAR TU OÍDO A QUIEN LO NECESITE

SALUDAR CON UNA SONRISA

SER AMABLE

SUMARTE A UNA CAUSA JUSTA

REGALAR UN POCO DE TU TIEMPO

COMPARTIR BUENAS NOTICIAS

RESPETAR LAS DIFERENCIAS

DISFRUTAR DE LO SIMPLE

COSAS QUE AYUDAN A LAS PERSONAS DEL MUNDO

JUNTAR BASURA DE PLAYAS O PARQUES

LLEVAR TUS BOLSAS AL SUPERMERCADO

APAGAR LAS LUCES

USAR SOLO BOMBILLAS DE BAJO CONSUMO

USAR MÁS EL TRANSPORTE PÚBLICO O BICICLETA

COSAS QUE AYUDAN A CUIDAR NUESTRO PLANETA

NO DEJAR ENCHUFADOS EQUIPOS ELECTRÓNICOS

NO COMPRAR PLÁSTICOS DE UN SOLO USO

COMPRAR EN PEQUEÑOS NEGOCIOS

SEPARAR LA BASURA Y RECICLAR

AHORRAR AGUA

JERRAS ANSIEDAD DAÑOS PRESO TERROR PROTESTAS DESA

NICO GUERRAS PROBLEMAS MALOS RESULTADOS FINANZA

MIEDO MALAS ECONOMÍA MUERTES ERROR

EDADES POLÍTICA ESTRÉS ENFERMED

DAÑOS NOTICIAS GUERRAS ANSIEDAD D

FALLOS PÁNICO PROBLEMAS F

CONOMÍA MUERTES ERRORES SUICIDIOS CORRUPCIÓN PETR

OLÍTICA ESTRÉS ENFERMEDADES DESEMPLEO CRISIS NEGAT

JERRAS ANSIEDAD DAÑOS PRESO TERROR PROTESTAS DESA

NICO GUERRAS PROBLEMAS MALOS RESULTADOS FINANZAS

CORRUPCIÓN BUENAS NOTICIAS ACCIDENTES FALLOS DICTAD

CONOMÍA MUERTES ERRORES SUICIDIOS DESESPERANZA PET

OLÍTICA ESTRÉS ENFERMEDADES DESEMPLEO CRISIS NEGATI

JERRAS ANSIEDAD DAÑOS PRESO TERROR PROTESTAS DESA

NICO GUERRAS PROBLEMAS MALOS RESULTADOS FINANZAS

ONA FUTURO INCIERTO PROBLEMAS BUENAS NOTICIAS ATRA

CONOMÍA MUERTES ERRORES SUICIDIOS DESESPERANZA PET

OLÍTICA ESTRÉS ENFERMEDADES DESEMPLEO CRISIS NEGATI

JERRAS ANSIEDAD DAÑOS PRESO TERROR PROTESTAS DESAS

NICO GUERRAS PROBLEMAS MALOS RESULTADOS FINANZAS

Cuando alguien me pregunta qué cambio puede hacer en su vida para volverla más positiva, yo les digo: limita la cantidad de noticias que miran.

Es algo que viene con nosotros desde que nacemos. Probablemente nos pasamos la vida viendo a nuestros padres o abuelos pegados a la televisión o a los periódicos leyendo y comentando las noticias. Seguramente para nosotros sea lo más normal del mundo también.

Hoy las noticias nos llegan por miles de medios. Redes sociales, apps, notificaciones en el teléfono, carteles en el transporte, pantallas en la calle o hasta en nuestro reloj. Todo, aunque no nos demos cuenta, está introduciendo en nuestros cerebros información que es innecesaria. ¿Por qué innecesaria? Porque la mayoría de las veces no podemos hacer nada con ella, llega solamente para generarnos miedo, estrés o ansiedad. Nos indignamos, nos enojamos, nos preocupamos. ¿Para qué? ¿Podemos hacer algo con esa información? ¿Está en nuestras manos cambiar esa realidad? Seguramente la respuesta es no.

No estoy diciendo que vivamos en una burbuja, no me refiero a eso. Solo basta con limitar el consumo. Mirar un poco menos.

Alejarnos por un ratito de ese momento y ver cómo nos sentimos. Fijarnos si podemos hacer algo para ayudar a cambiar esa realidad y, si es así, hacerlo. Mi abuela lo resumía bien: "Hay que preocuparse menos y ocuparse más".

¿Alguna vez te pusiste a pensar en la diferencia en el porcentaje de noticias buenas y malas? Lo más probable es que por cada diez malas muestren una buena y, generalmente, presentada como "nota de color" o "buenas noticias"; a las malas, en cambio, nunca le dicen "malas noticias", son solo noticias. Por más que nos enojemos con los medios, no es culpa de ellos, es nuestra, es nuestro cerebro y a continuación te explico por qué.

Lamentablemente nuestro cerebro está diseñado para ser atraído por las malas noticias. Viene con nosotros en nuestro instinto de supervivencia. Nos pide estar alertas ante los posibles riesgos que podemos llegar a tener. Cuando leemos un poquito de eso, nos pide seguir leyendo y estar conectados. Sentimos que si nos perdemos de esa noticia no vamos a tener de qué hablar, que vamos a estar desconectados de la realidad o que nos estamos perdiendo algo importante. Por eso es un trabajo difícil, pero no imposible. Hay que estar más conscientes, apagar el piloto automático y elegir en qué vamos a poner nuestra atención.

RECUERDA:

TU [ESTADO DE ÁNIMO]
ES TUYO. NO PERMITAS
QUE UNA NOTICIA
TE LO CAMBIE.

FOMO vs. JOMO

(FEAR OF MISSING OUT)

↓

EL [MIEDO] A
PERDERSE LAS COSAS

↓

MIEDO DE PERDERSE O
QUEDAR AFUERA DE ALGÚN
EVENTO O SITUACIÓN DEL
QUE TODO EL MUNDO
ESTÁ HABLANDO Y
COMPARTIENDO EN
REDES SOCIALES.

(JOY OF MISSING OUT)

↓

EL [PLACER] DE
PERDERSE LAS COSAS

↓

ES EL SENTIDO DE
FELICIDAD O PLACER
POR DESCONECTARSE DE
LAS REDES SOCIALES O
LAS MODAS DEL MOMENTO
COMO FORMA DE
AUTOCUIDADO.

Otra cosa que tener en cuenta para el manejo de las noticias y las redes sociales es el FOMO y el JOMO. La próxima vez que sientas la necesidad de formar parte de un evento o situación, hazte las siguientes preguntas:

¿Lo estoy haciendo porque me gusta o porque tengo miedo de perdérmelo?

¿Son mayores mis ganas de compartirlo en las redes sociales que de realmente estar presente?

¿Qué pasaría si me quedo en mi casa? ¿No tendré de qué hablar con mis amigos?

¿Me importan más los "me gusta" que lo que estoy haciendo?

¿Las cuentas que sigo alimentan mi FOMO?

Existen muchas posibilidades de que estés haciendo lo que estás haciendo solo por compartirlo en las redes sociales. No te sientas mal, es un síndrome que está afectando a millones de personas en todo el mundo y cada vez crece más. Yo solo te lo quería contar en pocas palabras para que lo tengas en cuenta. Para mí, no existe nada mejor que desconectarse por un rato del mundo, aunque eso signifique perderme de lo último.

PÍDESELO
AL UNIVERSO
(HASTA QUE TE LO CUMPLA)

PORQUE SI LO PIENSAS, LO ATRAES.
PORQUE SI LO CREES, LO CREAS.
PORQUE UNA ACTITUD POSITIVA
CREA UNA VIDA POSITIVA.
CRÉELO, SIÉNTELO Y REPÍTELO.
LA LEY DE ATRACCIÓN EXISTE;
ES MAGIA Y ES ENERGÍA.

CONFÍA:

[LO MEJOR] ESTÁ
→POR LLEGAR.←

MI DESEO PARA TI ES QUE RECUERDES SIEMPRE QUE LO MEJOR ESTÁ POR LLEGAR. QUE VAYAS POR LA VIDA CONFIANDO EN QUE PRONTO LLEGARÁ TODO LO BUENO QUE ESTÁS ESPERANDO. QUE SIEMPRE TENGAS PRESENTE QUE TU SITUACIÓN ACTUAL NO ES TU DESTINO FINAL. QUE SE VIENEN MILES DE COSAS BUENAS. Y QUE SI LO CREES CON FUERZA, EL UNIVERSO SE ENCARGARÁ DE CREARLO PARA TI. CONFÍA. SÍ, TE LO MERECES.

PARA SEGUIR LEYENDO:

EL LIBRO QUE ME
CAMBIÓ PARA SIEMPRE:

EL ABC DE LA FELICIDAD
DE LOU MARINOFF

EL MEJOR LIBRO SOBRE
MINDFULNESS Y MEDITACIÓN:

MINDFULNESS: GUÍA PRÁCTICA PARA
ENCONTRAR LA PAZ EN UN MUNDO FRÉNETICO
DE MARK WILLIAMS & DANNY PENMAN

PARA CAMBIAR TU VIDA POR
MEDIO DE LOS HÁBITOS:

EL PODER DE LOS HÁBITOS
DE CHARLES DUHIGG

DESCUBRIR LA FELICIDAD Y CAMBIAR
TU AMBIENTE APLICANDO EL HYGGE:

HYGGE: LA FELICIDAD EN LAS
PEQUEÑAS COSAS
DE MEIK WIKING

‣TE QUIERO
CONTAR ALGO‣

Escribí este libro en 2020 durante la pandemia por COVID-19. Fue uno de los procesos más hermosos y más difíciles de mi vida.

Hermoso porque estaba por publicar mi primer libro, el sueño de toda una vida se estaba volviendo realidad.

Difícil porque la incertidumbre nos afectó a todos y, a pesar de tener a la persona más importante de mi vida a mi lado, estaba preocupado y extrañando a mi familia en Argentina.

El poder de los sueños, al final, siempre puede contra todo. Y por más difícil que sea, cuando estás rodeados por las mejores personas del mundo, aunque sea por webcam, todo se termina haciendo mucho más fácil.

AGRADECIMIENTOS

Para Ada, mi editora. Gracias por el apoyo y por bancarme todo este tiempo. Gracias por confiar en mí ciegamente e impulsarme a seguir.

Para Leti, mi hermanita. Gracias por toda tu ayuda y por acompañarme y aconsejarme en este camino. ¡Te quiero, hermosa!

Para mis viejos, que siempre me mostraron lo importante que es el amor. Gracias por criar estos 1,85 metros de puro cariño. ¡Ja!

Para mis sobrinitos, Sofi y Gonza, que son chiquitos y no sé si entenderán mucho, pero quiero que figuren en este libro porque los amo.

Para Pau, el amor de mi vida y mi mejor amiga. La persona más positiva que conozco. Gracias por apoyarme en todo lo que emprendo. Sin vos nada sería posible. ¡Te amo demasiado!

REDES

CULTURA POSITIVA:

INSTAGRAM → @CULTURAPOSITIVA
FACEBOOK → /CULTURAPOSITIVA
PINTEREST → /CULTURAPOSITIVA

WEB
UNACULTURAPOSITIVA.COM

JUAN BERTEAUX:

INSTAGRAM → @JUANBERTEAUX
TWITTER → @JUANBERTEAUX

WEB
JUANBERTEAUX.COM

Cultura positiva de Juan Berteaux
se terminó de imprimir en octubre de 2020
en los talleres de
Litográfica Ingramex, S.A. de C.V.
Centeno 162-1, Col. Granjas Esmeralda, C.P. 09810,
Ciudad de México.